Charles Dickens

Eine Weihnachtsgeschichte

Charles Dickens

Eine Weihnachts-geschichte

Neu erzählt von Manfred Mai
Mit Bildern von Petra Dorkenwald

Hase und Igel®

Für Lehrkräfte gibt es zu diesem Buch
ausführliches Begleitmaterial beim Hase und Igel Verlag.

Sonderausgabe mit Silbenhilfe

© 2021 Hase und Igel Verlag GmbH, München
www.hase-und-igel.de
Lektorat: Mira Fischer
Satz: Appel Grafik München GmbH
Druck: Grafisches Centrum Cuno GmbH & Co. KG

ISBN 978-3-86316-179-8
1. Auflage 2021

Inhalt

1. Ebenezer Scrooge

Diese Geschichte erzählt von Ebenezer Scrooge, einem habgierigen, geizigen Leuteschinder, wie man nicht leicht einen zweiten findet. Er dachte nur an seinen Vorteil und kannte kein Mitleid für andere Menschen. Sein kaltes Herz machte seine Gesichtszüge starr, seine spitze Nase noch spitzer, seinen Gang steif, seine Augen rot, seine dünnen Lippen blau, seine Stimme hart und knarrend. Er verbreitete seine innere Kälte auch um sich herum. Die Menschen in seiner Nähe fröstelten, selbst wenn es warm war.

Dieser hartherzige alte Mann lebte in London und leitete dort ein Geschäft. Das hatte er vor vielen Jahren mit seinem Partner Jacob Marley gegründet. Obwohl der schon sieben Jahre tot war, stand noch immer *Scrooge und Marley* über der Tür.

Scrooge und Marley hatten gut zusammen-gepasst, denn Marley war kaum weniger geizig und hartherzig gewesen als sein Partner. Deswegen war bei Marleys Begräbnis bloß ein Mann dem Sarg gefolgt: Ebenezer Scrooge.

Nach Marleys Tod führte Scrooge das Geschäft allein weiter. Dabei nutzte er jede Gelegenheit, seinen Reichtum zu vermehren.

So wird sich niemand wundern, dass er auch am Heiligen Abend im Büro saß und arbeitete. Das verlangte er ebenfalls von seinem Schreiber Bob Cratchit. Die Tür zum Nebenraum stand wie stets offen, damit er seinen Angestellten beaufsichtigen konnte.

Obwohl es an diesem Tag kalt und windig war, brannte im Ofen von Scrooges Büro nur ein kleines Feuer. Und das Feuer im Nebenraum war noch kleiner. Bob Cratchit hielt die klammen Hände von Zeit zu Zeit über die Flamme der flackernden Kerze auf seinem Pult. Aber richtig warm wurden sie davon nicht.

Plötzlich ging die Tür auf und eine heitere Stimme rief: „Fröhliche Weihnachten, Onkel!" Es war Scrooges Neffe Fred, der beschwingt eintrat.

„Ach was, dummes Zeug!", sagte Scrooge. „Fröhliche Weihnachten? Was für ein Recht hast du, fröhlich zu sein, so arm wie du bist?"

„Und was für ein Recht haben Sie, so griesgrämig zu sein?", erwiderte Fred. „Sie sind doch reich genug."

„Ach was, dummes Zeug", brummte Scrooge wieder und winkte ärgerlich ab.

„Seien Sie nicht böse, Onkel", sagte der Neffe. „Kommen Sie morgen zum Abendessen zu uns. Dann feiern wir Weihnachten."

Scrooge lehnte die Einladung ab. „Feiere du Weihnachten nach deinem Geschmack und lass es mich nach meinem feiern."

„Feiern", wiederholte sein Neffe. „Aber Sie feiern es ja nicht."

„Überlass das mir!", sagte Scrooge barsch und zeigte deutlich, dass das Gespräch für ihn zu Ende war.

Sein Neffe gab nicht auf. „Die Weihnachtszeit ist eine schöne Zeit, in der die Menschen ihre Herzen öffnen und anderen Gutes tun. Es tut mir sehr leid, Sie so verhärtet zu sehen. Deswegen noch einmal: Fröhliche Weihnachten, Onkel!"

„Guten Tag!", sagte Scrooge.

„Und ein glückliches neues Jahr!"

„Guten Tag!", sagte Scrooge.

Fred streckte den Kopf in den Nebenraum. „Fröhliche Weihnachten auch für Sie und Ihre Familie!"

Bob Cratchit erwiderte den Gruß freundlich.

Fred verabschiedete sich und verließ das Büro seines Onkels. Dabei stieß er mit zwei gut gekleideten Herren zusammen, die gerade anklopfen wollten. „Besuch für Sie, Onkel!", rief Fred, gab den Weg frei und ging.

„Habe ich die Ehre, mit Mr Scrooge oder mit Mr Marley zu sprechen?", richtete einer der Herren sein Wort an Scrooge.

„Mr Marley ist seit sieben Jahren tot", erwiderte
Scrooge. „Worum geht es? Was wollen Sie?"

„In dieser feierlichen Jahreszeit ist es besonders
wünschenswert, den Armen zu helfen. Viele
Tausend haben nicht einmal das Allernötigste.
Für diese bedürftigen Mitmenschen sammeln wir
Spenden. Welche Summe geben Sie für die gute
Sache?"

„Nichts", antwortete Scrooge. „Wem es schlecht geht, der mag ein Armenhaus aufsuchen. Dort soll man sich um diese Leute kümmern."

„Aber Sie …"

„Und jetzt lassen Sie mich in Ruhe damit!", fiel Scrooge ihm ins Wort. „Ich habe zu arbeiten. Guten Tag, meine Herren!"

Die beiden sahen ein, dass bei Scrooge alles Reden und Bitten zwecklos war. Enttäuscht verließen sie das Büro.

Scrooge beugte sich über das Rechnungsbuch und beschäftigte sich wieder mit den Zahlen. Das tat er, bis es Zeit wurde, Feierabend zu machen und das Büro zu schließen. „Ich vermute, Sie wollen morgen den ganzen Tag freihaben", sagte Scrooge zu seinem Schreiber.

„Falls Sie nichts dagegen haben, Sir."

„Ich habe etwas dagegen", erwiderte Scrooge. „Und eigentlich müsste ich Ihnen eine halbe Krone dafür abziehen. Aber tue ich das, fühlen Sie sich ungerecht behandelt, stimmt's?"

Bob Cratchit antwortete nicht.

„Dabei geschieht *mir* Unrecht, wenn ich Ihnen Lohn für einen Tag Faulenzen bezahle."

„Das ist doch nur einmal im Jahr", erwiderte
der Schreiber leise.

„Eine armselige Entschuldigung", sagte Scrooge.
Er knöpfte seinen Mantel zu und brummte: „Dafür
kommen Sie übermorgen umso früher!"

Bob Cratchit versprach es und verabschiedete
sich danach.

Scrooge schloss das Büro ab und ging wie jeden
Abend in das einfache Gasthaus, das auf seinem

Heimweg lag. Dort bestellte er ein billiges Gericht, um für wenig Geld satt zu werden. Nach dem Essen las er die ausliegenden Zeitungen. Das tat er immer, denn selbst welche zu kaufen kam für ihn nicht infrage. Um Heizmaterial und Kerzenlicht zu sparen, hatte er sich Arbeit aus dem Büro mitgebracht. Damit verbrachte er den Rest des Abends. Dann ging er nach Hause.

2. Jacob Marleys Warnung

Scrooge wohnte in den Räumen, die seinem verstorbenen Partner Jacob Marley gehört hatten. Es waren ein paar düstere Zimmer in einem alten, niedrigen Gebäude eines Hinterhofs. Außer Scrooge lebte niemand mehr dort.

Er holte den Schlüssel aus der Tasche, wollte die Haustür aufschließen – und erschrak. Weil er seinen Augen nicht traute, kniff er sie zu und öffnete sie wieder. Der große Türklopfer, an dem ihm in all den Jahren nie etwas Besonderes aufgefallen war, leuchtete. Es war ein unheimliches Leuchten. Und plötzlich erkannte Scrooge in dem Licht ein Gesicht: das Gesicht von Jacob Marley!

Scrooge beugte sich ein wenig nach vorn, um die Erscheinung genauer zu betrachten. Da verschwand Marleys Gesicht und Scrooge sah wieder den Türklopfer.

Etwas verunsichert steckte er den Schlüssel ins Schloss, drehte ihn um, trat ins Haus und zündete eine Kerze an. Mit ihr leuchtete er umher, denn er fürchtete, Marleys Gesicht könnte erneut irgendwo auftauchen. Als das nicht geschah, ging er durch den Flur und stieg langsam die Treppe hinauf.

In der Wohnung schaute er sogleich in jeden Raum. Alles war wie immer. Beruhigt schloss er die Wohnungstür und schob den Riegel vor, was er normalerweise nicht tat. Jetzt fühlte er sich vor Überraschungen sicher.

Scrooge zog Schlafrock, Pantoffeln und Nachtmütze an und setzte sich an den Kamin, in dem ein kleines Feuer brannte. Es war wirklich ein kümmerliches Feuer, viel zu klein für eine so bitterkalte Nacht. Er rückte dicht an den Kamin, um wenigstens ein bisschen Wärme abzubekommen. Als er den Kopf im Sessel zurücklehnte, sah er die Glocke, die an der Wand gegenüber hing.

Früher bestand ihre Aufgabe darin, einen Diener zu rufen. Doch Scrooge hatte keinen Diener. Er war zu geizig, um einen zu bezahlen. Seit vielen Jahren hing die Glocke unbenutzt im Wohnzimmer.

Aber was war das? Scrooge rieb sich die Augen. Kein Zweifel, die Glocke bewegte sich. Zuerst so wenig, dass sie kaum einen Ton von sich gab. Doch bald schwang sie stärker und begann zu läuten. Und mit ihr sämtliche anderen Glocken im Haus!

Das mochte eine halbe, vielleicht auch eine ganze Minute gedauert haben. Aber Scrooge kam es vor wie eine Stunde. Plötzlich verstummten die Glocken, wie sie begonnen hatten: alle gleichzeitig. Allerdings blieb es nicht still. Nun ertönte von unten ein Rasseln, als ob jemand im Keller eine schwere Kette über Weinfässer schleifen würde. Scrooge hatte gehört, dass Gespenster Ketten hinter sich herschleppen, wenn sie spuken. Das Rasseln und Poltern kam die Treppe herauf und wurde immer lauter.

„Das ist doch dummes Zeug", murmelte Scrooge. „Ich glaube nicht an solche Gruselgeschichten."

Aber als eine geisterhafte Gestalt durch die
Tür ins Zimmer trat, erbleichte Scrooge. Die
Gestalt hatte Marleys Gesicht und seinen Zopf.
Eine Kette war um ihren Leib geschlungen und
schleifte hinter ihr über den Boden. An der Kette
hingen Geldkassetten, Schlösser und Schlüssel,
Verträge und schwere Geldbörsen aus Stahl.

Scrooge schüttelte den Kopf, denn er konnte und wollte nicht glauben, was er sah. Er hielt das alles für eine Sinnestäuschung. „Wer bist du?", fragte er scharf und kalt wie immer.

„Frag mich lieber, wer ich war." Das war Marleys Stimme, daran gab es keinen Zweifel.

„Also, wer warst du?"

„Erkennst du das wirklich nicht?", fragte der Geist. „Als ich noch lebte, war ich dein Partner, Jacob Marley. Obwohl du mich siehst, glaubst du nicht, dass es mich gibt. Stimmt's?"

Scrooge nickte.

„Welchen Beweis willst du, damit du an meine Existenz glaubst?"

„Ich weiß nicht", antwortete Scrooge. Er war zu durcheinander, um klar denken zu können. Leise fragte er: „Wie ist es möglich, dass du als Geist auf der Erde bist? Und warum kommst du zu mir? Was willst du von mir?"

„Ich will dich warnen."

„Warnen? Wovor?"

„Siehst du die Kette und alles, was daran hängt?", fragte der Geist.

„Ja. Warum bist du gefesselt?"

„Das ist die Strafe für meinen Geiz und meine schlechten Taten zu Lebzeiten", antwortete der Geist.

„Aber du ... du warst doch immer ... ein guter Geschäftsmann, Jacob", stammelte Scrooge. Langsam begriff er, dass das Schicksal seines ehemaligen Partners auch ihm drohen könnte.

„Geschäft! Geschäft!", rief der Geist. „Die Menschen hätten mein Geschäft sein sollen. Nächstenliebe, Mitleid, Barmherzigkeit, Wohltätigkeit, das alles hätte mein Geschäft sein sollen. Nicht Eigennutz und das Streben nach Reichtum." Er zerrte an der Kette, konnte sie aber nicht lösen. „In dieser Zeit am Ende des Jahres leide ich am meisten", fuhr er fort. „Warum habe ich die Not und das Elend meiner Mitmenschen nicht gesehen und bin achtlos an ihnen vorübergegangen? Das hätte ich nicht tun dürfen."

Scrooge war bestürzt, den Geist seines früheren Partners so reden zu hören, und zitterte nun am ganzen Leib.

„Hör mir gut zu, Ebenezer Scrooge, meine Zeit ist fast um!", rief der Geist. „Du hast noch die Chance, dich zu ändern und meinem Schicksal zu entgehen. Eine Chance, die du mir zu verdanken hast."

„Du bist mir stets ein guter Freund gewesen", sagte Scrooge. „Ich danke dir."

„Drei Geister werden dich besuchen …"

„Ich … äh … das möchte ich lieber nicht", unterbrach ihn Scrooge.

„Ohne ihr Kommen wird es dir ergehen wie mir", sagte der Geist. „Erwarte also den ersten morgen Nacht, wenn die Glocke eins schlägt. Den zweiten in der nächsten Nacht zur gleichen Zeit. Und den dritten in der darauffolgenden Nacht beim letzten Glockenschlag um zwölf Uhr. Mich siehst du nicht wieder. Aber erinnere dich immer an das, was du gerade erlebt hast und was ich dir gesagt habe. Es ist zu deinem Besten."

Nach diesen Worten ging der Geist rückwärts zum Fenster, das sich bei jedem Schritt weiter öffnete. Dann schwebte er in die Nacht hinaus.

Scrooge schaute ihm hinterher. Die Luft war voller Geister, die Marleys Geist ähnelten. Sie alle seufzten und beklagten ihr Schicksal. Ob diese Wesen sich in Nebel auflösten oder vom Nebel verschlungen wurden, konnte Scrooge

nicht sagen. Erschöpft von dem Erlebten schloss
er das Fenster, ging zu Bett und schlief sofort ein.

3. Der erste Geist

Als Scrooge erwachte, war es so finster, dass er im Schlafzimmer nichts erkennen konnte. Die Glocke der Kirchturmuhr in der Nachbarschaft läutete. Er lauschte. Zu seinem großen Erstaunen schlug die Uhr zwölfmal.

„Es ist unmöglich, dass ich so lange geschlafen habe", sagte Scrooge. Er stieg aus dem Bett und tappte ans Fenster. Dort musste er das Eis wegschaben, konnte aber auch dann nicht viel sehen. Draußen war es dunkel und neblig.

Verwirrt legte Scrooge sich wieder ins Bett und dachte nach. Dabei fiel ihm Marleys Geist ein. Je mehr er nachdachte, desto wirrer wurde er. Und schließlich hatte er nur noch eine Erklärung: Das alles musste ein Traum gewesen sein.

Während er überlegte, was er nun tun sollte, schlug die Kirchturmglocke ein Uhr. Im selben Augenblick erfüllte Licht das Schlafzimmer und die Vorhänge seines Bettes wurden zur Seite gezogen. Scrooge erblickte eine sonderbare Gestalt: Sie glich einem Kind, hatte jedoch lange weiße Haare wie ein alter Mann. Ihr Gewand war von reinstem Weiß, in der Hand hielt sie einen frisch-grünen Stechpalmenzweig und auf dem Kopf trug sie eine Krone. Das Sonderbarste aber war, dass aus der Krone ein heller Lichtstrahl entsprang, der alles ringsum erleuchtete.

„Bist du der Geist, dessen Kommen mir angekündigt wurde?", fragte Scrooge.

„Der bin ich." Die Stimme war sanft und freundlich und so leise, als käme sie von ganz weit her.

„Wer und was bist du?", wollte Scrooge wissen.

„Ich bin der Geist der vergangenen Weihnachten."

Scrooge verstand nicht.

„*Deiner* früheren Weihnachten", erklärte der Geist, streckte seine Hand aus und ergriff sachte Scrooges Arm. „Ich will nur dein Bestes. Also steh auf und komm mit!"

Scrooge wollte schon einwenden, das Wetter und die Uhrzeit seien zum Spazierengehen denkbar ungeeignet. Außerdem sei er bloß leicht bekleidet und leide an Schnupfen. Das alles sagte er aber nicht, denn er spürte, dass er dem Griff nicht widerstehen konnte. Erst als der Geist zum

Fenster schwebte, protestierte er: „Ich bin ein Sterblicher und würde abstürzen!"

„Lass dich hier berühren." Der Geist legte Scrooge die Hand aufs Herz. „Dann wird dir nichts zustoßen und du wirst noch größere Gefahren überwinden."

Kaum hatte er diese Worte gesprochen, da schwebten sie hinaus und standen bald auf einer Landstraße. Es war nicht mehr dunkel und neblig, sondern ein klarer, kalter Wintertag. Von der Stadt war nichts zu sehen. Vor ihnen lag ein Dorf, das Scrooge sogleich erkannte. „Gütiger Himmel!", rief er und faltete die Hände. „Hier wurde ich geboren, hier lebte ich als Kind."

Der Geist schaute ihn freundlich an. „Erinnerst du dich noch an den Weg ins Dorf?"

„Ob ich mich erinnere?", rief Scrooge freudig. „Ich könnte ihn mit verbundenen Augen gehen."

„Seltsam, dass du ihn dennoch so viele Jahre lang vergessen hast", sagte der Geist.

Sie gingen den Weg entlang. Scrooge erkannte jeden Baum, jedes Haus und alle Menschen, die ihnen begegneten. Er winkte ihnen und rief ihre Namen.

„Das sind Wesen aus der Vergangenheit", erklärte der Geist. „Sie können dich weder sehen noch hören."

Trotzdem freute sich Scrooge wie schon lange nicht mehr, seine Bekannten von früher wieder zu treffen. Sie alle waren bestens gelaunt und wünschten sich fröhliche Weihnachten.

„Komm weiter!" Der Geist führte Scrooge zu einem Haus aus roten Ziegelsteinen mit einem

Türmchen auf dem Dach. Es war die ehemalige Schule. In einem kahlen, trostlosen Raum standen einfache Holzbänke. Auf einer Bank saß ein einsamer Junge und las.

Scrooge erkannte sich selbst und begann zu weinen. „Der arme Junge!", murmelte er und wischte sich die Tränen weg.

In diesem Augenblick ging die Tür auf und ein kleines Mädchen sprang herein. Es schlang die Arme um den Jungen und küsste ihn. „Lieber, lieber Bruder, ich komme, um dich nach Hause zu holen!"

„Nach Hause?", fragte der Junge ungläubig.

„Ja!", rief das Mädchen freudig. „Nach Hause, und zwar für immer! Der Vater ist viel freundlicher als früher. So schön wie im Himmel ist es jetzt bei uns. Wir wollen alle zusammen das fröhlichste Weihnachtsfest der ganzen Welt feiern." Es nahm seinen Bruder an der Hand und zog ihn zur Tür.

„Deine Schwester war ein zartes Wesen mit einem guten Herz", sagte der Geist.

„Ja, das stimmt", bestätigte Scrooge.

„Sie war noch jung, als sie starb. Aber ich glaube, sie hatte Kinder."

„Nur eines", erwiderte Scrooge.

„Richtig, deinen Neffen Fred."

Scrooge senkte den Blick und dachte daran, wie grob er zu seinem Neffen gewesen war.

Sie verließen die Schule und gingen durch die Straßen. Alles war festlich geschmückt. Vor der Tür eines Geschäftshauses blieb der Geist stehen und fragte Scrooge, ob er diese Tür kenne.

„Natürlich kenne ich sie", antwortete Scrooge. „Hier war ich in der Lehre."

Sie traten ein. Hinter einem Pult saß ein alter Herr. Bei seinem Anblick stieß Scrooge freudig aus:

„Das ist ja mein Lehrmeister, der alte Fezziwig! Gott segne ihn!"

Der alte Fezziwig legte seinen Stift beiseite und rief: „Ebenezer! Dick! Kommt zu mir!"

Zwei Jungen liefen aus einem Nebenraum herbei. Scrooge erkannte sich und seinen Jugendfreund Dick Wilkins.

„Feierabend für heute", sagte der alte Fezziwig und klatschte in die Hände. „Jetzt wird hier aufgeräumt und Platz geschaffen, damit wir Weihnachten feiern können!"

Es gab nichts, was die beiden Lehrlinge lieber getan hätten. Und eins, zwei, drei war alles für das Fest bereitet.

Dann kamen auch schon die Gäste. Mr und Mrs Fezziwig hatten alle eingeladen, die bei ihnen angestellt waren. Außerdem ein paar Freunde und Nachbarn. Sie tanzten und spielten, aßen und tranken. Es gab Kuchen und Punsch, Braten, Fleischpasteten und Bier im Überfluss.

Als die Glocke elf schlug, war das Fest zu Ende. Mrs und Mr Fezziwig schüttelten allen zum Abschied die Hand und wünschten fröhliche Weihnachten. Ebenso den zwei Lehrlingen.

Die ganze Zeit hatte sich Scrooge gefühlt, als
wäre er wie damals dabei gewesen. Er freute
sich unbändig.

„Du siehst, es gehört nicht viel dazu, damit die
Leute froh und dankbar sind", sagte der Geist.

„Nein, wirklich nicht", gab Scrooge zu.

„Er musste dafür kaum Geld ausgeben."

„Ja, um Geld geht es dabei gar nicht", erwiderte Scrooge. „Der alte Fezziwig hatte die Macht, uns glücklich oder unglücklich, uns das Leben leicht oder schwer zu machen. Er hat uns Glück geschenkt, das mehr wert war als sein ganzes Vermögen." Scrooge fühlte den Blick des Geistes und schwieg.

„Was ist los?"

„Ach, nichts."

„Wirklich?", fragte der Geist.

„Es ist nur … Ich habe an meinen Schreiber Bob Cratchit gedacht", murmelte Scrooge. „Ich würde jetzt gern ein paar Worte mit ihm reden."

„Meine Zeit geht zu Ende", sagte der Geist. „Schnell!"

Schwupp, waren sie woanders und Scrooge sah sich als erfolgreichen jungen Geschäftsmann in einem vornehmen Haus. Er war nicht allein, sondern saß neben einer schönen Frau. Sie war schwarz gekleidet und hatte Tränen in den Augen. „Jemand anders hat mich verdrängt und meinen Platz eingenommen", sagte sie.

„Wer soll dich verdrängt haben?", fragte der junge Scrooge.

„Das Geld", antwortete sie. „Du denkst nur noch ans Geld und wie du mehr Geld bekommen kannst. Das hat dich sehr verändert. Als wir uns kennen und lieben gelernt haben, warst du ein anderer Mensch."

„Selbst wenn ich inzwischen vernünftiger geworden bin, so sind meine Gefühle für dich doch die gleichen geblieben. Oder habe ich je von Trennung gesprochen?"

„Nein, mit Worten nicht. Niemals."

„Wie dann?"

„Durch dein verändertes Wesen. Durch die Werte, die dir jetzt wichtig sind", antwortete die junge Frau. „Ich würde gern etwas anderes sagen. Aber das, was uns zusammenführte und verband, verbindet uns nicht mehr. Deshalb ist es besser, wenn wir uns trennen. Ich wünsche dir, dass du glücklich wirst in dem Leben, das du gewählt hast." Sie stand auf und ging.

„Geist, warum quälst du mich so?", fragte Scrooge. „Es ist genug! Führe mich nach Hause!"

4. Der zweite Geist

Scrooge erwachte von seinem eigenen Schnarchen. Er setzte sich im Bett auf, um seine Gedanken zu ordnen. Noch während er das versuchte, schlug die Glocke ein Uhr. Aber nichts geschah, kein Geist erschien. Scrooge wurde nervös. Da bemerkte er einen rötlichen Lichtschein, der unter der Tür zum Wohnzimmer hindurchschimmerte. Er überlegte, was das bedeuten konnte, fand jedoch keine Antwort. Das beunruhigte ihn mehr als ein Dutzend Geister. Endlich nahm Scrooge seinen ganzen Mut zusammen und stand leise auf. Er schlich zur Tür und öffnete sie.

Was er dann sah, raubte ihm beinahe den Atem! Sein Wohnzimmer hatte sich völlig verändert. Die Wände und die Decke waren mit grünen Pflanzen bewachsen. Im Kamin brannte ein so mächtiges Feuer wie seit vielen Jahren nicht mehr. Auf dem Boden lagen Truthähne, Gänse, Spanferkel, Braten vom Wild, Würste, Pasteten, Pudding, Kuchen und Gebäck, rotbackige Äpfel, saftige Orangen, leckere Birnen und dampfende Punsche, die das Zimmer mit köstlichem Duft erfüllten. Und obendrauf, wie auf einem Thron, saß ein vergnügter Riese mit einer Fackel in der Hand. „Komm nur näher!", rief er. „Komm herein, Mensch, und lerne mich kennen."

Scrooge trat schüchtern ein und senkte den Kopf.

„Ich bin der Geist der diesjährigen Weihnacht. Sieh mich an!"

Scrooge hob den Blick. Der Geist trug ein dunkelgrünes Gewand, das an den Rändern mit weißem Pelz verziert war. Die breite Brust war unbedeckt. Auch die Füße waren nackt. Auf dem Kopf hatte er einen Stechpalmenkranz. Seine dunkelbraunen Locken fielen bis über die Schultern.

Der Geist schaute Scrooge freundlich an und sagte: „Du hast meinesgleichen noch nie gesehen."

„Niemals", erwiderte Scrooge. „Gestern Nacht kam ein anderer Geist und hat mich gezwungen, ihm zu folgen. Er hat mir eine Lehre erteilt, die ich nicht vergessen werde. Wenn du mich auch etwas lehren willst, bin ich bereit dazu."

„Dann berühre mein Gewand."

Scrooge tat es. Augenblicklich verschwand alles, was im Zimmer war, und auch das Zimmer selbst. Sie standen in der Stadt, am Morgen des Weihnachtstages. Viele Leute waren auf den Beinen und schaufelten Schnee. Kinder liefen durch die Straßen und freuten sich, wenn Schneelawinen von den Dächern herunterstürzten.

Der Geist ging mit Scrooge in einen düsteren Vorort der Stadt und dort zu dem Haus, in dem

Bob Cratchit mit seiner Familie wohnte. Auf der Schwelle blieb der Geist lächelnd stehen und segnete die Wohnung mit dem Feuer seiner Fackel. Dann traten sie durch die Tür.

Alles war festlich geschmückt. Mrs Cratchit trug ein ärmliches Kleid, das sie mit hübschen Bändern aufgeputzt hatte. Auch die fünf Kinder trugen mehrfach geflickte, aber saubere Kleidung. Sie alle halfen beim Tischdecken mit. Zuletzt kam Mr Cratchit. Auf seinen Schultern saß der kleine Tim.

Scrooge fiel sofort die Krücke auf, die Tim in den Händen hielt. Und er bemerkte, dass an Tims Beinen eiserne Schienen befestigt waren. Das machte man bei Kindern, deren Knochen nicht richtig wuchsen.

Der Vater setzte Tim ab. Ein Bruder und eine Schwester führten den Jungen zu seinem Stuhl nahe am Kamin.

Die Freude war riesig, als die ganze Familie am Tisch saß. Zuerst wurde zusammen gebetet. Dann nahm die Mutter das große Messer und zerteilte die Gans. Sobald die Füllung hervorquoll, ertönte rund um den Tisch ein entzücktes Gemurmel. Die jüngsten Kinder konnten es kaum erwarten, etwas von dem Fleisch und der Füllung auf ihre Teller zu bekommen. Dazu gab es Kartoffelbrei und Apfelsoße. Und als Nachtisch einen leckeren Pudding. So ein köstliches Essen konnte sich die Familie ein einziges Mal im Jahr leisten. Und das nur, weil sie lange darauf sparte. Deswegen genossen es alle sehr und sie wurden auch wirklich satt.

Nach dem Essen sagte der Vater: „Uns allen eine fröhliche Weihnacht, meine Lieben! Gott segne uns!"

„Gott segne jeden von uns!", bekräftigte Tim. Er saß dicht neben seinem Vater. Der hielt Tims kleine, zarte Hand so fest, als fürchte er, das geliebte Kind könnte ihm bald genommen werden.

„Geist", sprach Scrooge mit einer Anteilnahme, wie er sie noch nie zuvor gefühlt hatte, „sag mir, wird der kleine Tim am Leben bleiben?"

„Ich sehe einen leeren Stuhl und eine Krücke ohne Besitzer", antwortete der Geist. „Wenn sich die Lage für diese Familie nicht bald bessert, wird das Kind sterben. – Aber was kümmert dich das? Es gibt doch ohnehin zu viele unnütze Menschen auf der Welt."

Scrooge erkannte in den Worten des Geistes seine eigenen und schämte sich jetzt sehr dafür.

Der Geist aber setzte noch eins drauf, indem er sagte: „Mensch, wenn du ein Herz in der Brust hast und keinen Stein, dann unterlasse in Zukunft solche Reden. Es ist nicht an dir zu entscheiden, wer leben und wer sterben soll. Vielleicht bist du in den Augen des Himmels unwürdiger zu leben als Millionen von Menschen, die so sind wie das Kind dieses armen Mannes."

Scrooge nahm den Vorwurf des Geistes demütig hin und schlug die Augen nieder.

Inzwischen war es dunkel geworden und der Geist ging mit Scrooge weiter. Er zeigte ihm an ganz verschiedenen Orten, wie die Menschen zusammen Weihnachten feierten, egal ob sie arm oder reich waren.

Plötzlich hörte Scrooge ein herzliches Lachen. Zu seiner Überraschung war es das Lachen seines Neffen Fred. Der Geist hatte Scrooge in dessen Wohnung geführt, wo einige Leute beisammensaßen.

„Haha! Haha! Haha!", lachte Scrooges Neffe. „Er sagte, Weihnachten sei dummes Zeug. So wahr ich lebe, das hat er gesagt. Und das glaubt er auch."

„Er muss sehr reich sein", meinte Freds Frau. „Jedenfalls erzählst du das immer."

„Und was hat er davon? Sein Reichtum nützt ihm nichts. Er tut nichts Gutes damit. Nicht einmal sein eigenes Leben erleichtert er sich."

„Ich habe kein Mitleid mit ihm."

„Mir tut er leid", erwiderte Fred. „Ich könnte nicht böse auf ihn sein, auch wenn ich's wollte. Wer leidet denn unter seinen üblen Launen? Doch am meisten er selbst. Durch sein Verhalten verpasst er viele schöne Stunden. Hier käme er auf andere Gedanken als in seinem muffigen Büro oder allein in seiner verstaubten Wohnung. Aber ich gebe nicht auf. Er mag auf Weihnachten schimpfen, solange er lebt – ich werde trotzdem jedes Jahr zu ihm gehen, ihm fröhliche Weihnachten wünschen und ihn zu uns einladen."

Scrooge war gerührt, dass sein Neffe so freundlich über ihn sprach, obwohl er Fred immer grob behandelt hatte. Und als die Gesellschaft nach dem Essen verschiedene Spiele spielte, hätte er sich am liebsten zu ihnen gesetzt.

Der Geist führte Scrooge noch an viele andere Orte und zeigte ihm Menschen in Krankenhäusern, Armenhäusern und Gefängnissen. Es war eine

lange Nacht, wenn es überhaupt nur eine Nacht war. Scrooge schien es, als würden sie sämtliche Weihnachtsfeiertage im Zeitraffer erleben.

Plötzlich schlug die Glocke Mitternacht. Scrooge schaute sich nach dem Geist um, aber der war verschwunden. Beim letzten Schlag erinnerte er sich an die Worte von Jacob Marley. Und als er den Blick hob, sah er tatsächlich ein verhülltes Wesen wie Nebel auf sich zuschweben.

5. Der letzte Geist

Die Erscheinung kam langsam und schweigend
näher. Als sie vor ihm stand, fiel Scrooge auf die
Knie, denn sie wirkte unheimlich und machte ihm
große Angst.

Die Gestalt war in einen schwarzen, weiten
Mantel mit Kapuze gehüllt, der nichts von ihr
sehen ließ als eine ausgestreckte Hand. Reglos
stand sie da und sprach nicht.

Scrooge wartete eine Weile, doch nichts geschah. Vorsichtig erhob er sich und fragte leise: „Habe ich den Geist der zukünftigen Weihnacht vor mir?"

Der Geist antwortete nicht.

„Geist der Zukunft", sagte Scrooge nun lauter, „dich fürchte ich mehr als die Geister, die vor dir bei mir waren. Aber ich weiß, dass auch du hier bist, um mir Gutes zu tun. Und ich möchte ja ein anderer, ein besserer Mensch werden. Deswegen bin ich bereit, mit dir zu gehen, wohin du mich auch führst. Die Nacht vergeht schnell und die Zeit ist kostbar. Führe mich, Geist!"

Immer noch schweigend bewegte sich der Geist. Sein weiter Mantel hüllte Scrooge ein und trug ihn davon. Sie schwebten ins Herz der Stadt, in die Londoner Börse. Dort waren die Händler und Kaufleute versammelt, um Geschäfte zu machen. Die Hand des Geistes zeigte auf ein paar Männer, die beisammenstanden und miteinander redeten. Scrooge näherte sich ihnen und lauschte.

„Nein", sprach ein großer, fetter Mann, „ich kann nicht viel dazu sagen. Ich weiß nur, dass er tot ist."

„Wann ist er gestorben?", wollte einer wissen.

„Letzte Nacht, glaube ich."

„Was hat er denn mit seinem Geld gemacht?", fragte ein feiner Herr.

„Darüber habe ich nichts gehört", antwortete der große, fette Mann. „Mir hat der alte Geizhals es jedenfalls nicht vererbt. So viel weiß ich."

Die anderen lachten.

„Es wird wohl ein sehr billiges Begräbnis werden", fuhr der große, fette Mann fort. „Ich kenne niemanden, der hingeht."

Scrooge wunderte sich, dass der Geist ihn hierhergeführt hatte, um dieses belanglose Gespräch zu hören. Doch sein Gefühl sagte ihm, es müsse eine verborgene Bedeutung haben. Bloß welche?

Während Scrooge überlegte, schaute er sich in der Börse nach sich selbst um. Aber er konnte sich nirgendwo entdecken. An seinem gewohnten Platz stand ein anderer. Das konnte ja nur bedeuten, dass er in der Zukunft sein Geschäft aufgegeben und ein neues Leben begonnen hatte. Oder?

Der Geist zog mit Scrooge weiter in einen abgelegenen Teil der Stadt mit einem schlechten Ruf. Die Straßen waren schmutzig und eng, die Läden und Häuser ärmlich. Im hintersten Winkel befand sich ein niedriger, dunkler Laden. Dort lagen Eisenteile, Lumpen, Flaschen, Knochen, Fleischabfälle und allerlei Gerümpel durcheinander.

Mittendrin saß dicht an einem rostigen Ofen ein grauhaariger, fast siebzig Jahre alter Mann namens Joe. Er rauchte seine Pfeife und genoss die Stille.

Doch die dauerte nicht lange, denn eine Frau mit einem schweren Bündel auf dem Rücken kam in den Laden. Ihr folgte eine zweite Frau mit einem ähnlichen Bündel. Und dicht hinter ihr trat noch ein Mann in einem abgetragenen Anzug ein. Alle drei erschraken, als sie sich erkannten. Nur Sekunden später brachen sie in ein lautes Gelächter aus.

„Was für ein Zufall und ein Glück für dich, Joe!", rief die Frau, die zuerst eingetreten war. „Wir treffen uns alle drei hier bei dir, ohne dass wir uns verabredet haben."

„Ihr hättet euch an keinem besseren Ort treffen können", sagte der alte Joe und nahm die Pfeife aus dem Mund. „Nun, was habt ihr mir anzubieten?"

Nacheinander breiteten sie die Sachen aus, die sie mitgebracht hatten: mehrere Kleidungsstücke, Stiefel, silberne Teelöffel, einen silbernen Stift, Bett- und Handtücher, Vorhänge und noch einiges mehr.

Wie zur Entschuldigung sagte die erste Frau: „Wem schadet es, dass wir ein paar Sachen mitgenommen haben? Dem Toten gewiss nicht."

Die zweite nickte zustimmend. „Jeder hat das Recht, für sich zu sorgen. Er tat das auch immer."

„Wie wahr", erwiderte die andere. „Keiner tat es mehr. Hätte der alte Geizkragen seine Mitmenschen besser behandelt, wäre er nicht allein gewesen, als er starb."

Der alte Joe begutachtete alles, was die drei gebracht hatten, und zählte ihnen einige Münzen in die Hände.

Die erste Frau lachte zufrieden. „Das ist das Ende vom Lied. Er scheuchte alle davon, solange er lebte. Jetzt, da er tot ist, nützt er uns. Hihihi!"

„Geist", sagte Scrooge, der am ganzen Körper zitterte, „ich verstehe. Das Schicksal dieses unglücklichen Mannes könnte mein eigenes sein. Mein Leben geht bisher genau in diese Richtung. Es ist furchtbar, wenn jemand allein sterben muss und niemand um ihn trauert. Oh Geist, gibt es denn keine Menschen, die sich zärtlich um einen Sterbenden kümmern und sich liebevoll an ihn erinnern?"

Der Geist führte Scrooge in die Wohnung der Familie Cratchit. Dort saß die Mutter mit den Kindern am Feuer. Es war still, sehr still. Die Mutter legte ihre Näharbeit weg und strich sich mit der Hand über die verweinten Augen. „Es ist nicht gut, bei Kerzenlicht zu arbeiten. Und ich möchte eurem Vater keine trüben Augen zeigen, wenn er heimkommt."

„Er müsste längst da sein", erwiderte Peter. „Ich glaube, er geht jetzt ein wenig langsamer als bisher."

Nach einer Weile sagte die Mutter mit einer ruhigen Stimme, die nur einmal kurz zitterte: „Ja, mit eurem Bruder Tim auf den Schultern ging er oft sehr schnell. Aber er war ja auch leicht zu tragen und euer Vater liebte ihn so, dass es ihm keine Mühe machte."

In diesem Augenblick kam Bob Cratchit nach Hause. Sein Tee stand schon bereit. Die beiden kleinen Cratchits kletterten auf seine Knie. Sie schmiegten ihre Wangen an seine, als wollten sie sagen: „Gräme dich nicht so sehr, lieber Vater."

Bob gab sich heiter und sprach liebevoll mit allen. Er sah sich auch die Näharbeiten auf dem Tisch an und lobte den Fleiß seiner Frau und seiner Töchter. Dann musste er wieder an seinen verstorbenen Sohn denken und konnte die Tränen nicht zurückhalten. Als die Kinder und seine Frau ihn weinen sahen, weinten auch sie. Und gemeinsam trauerten sie um den kleinen Tim.

„Geist", sagte Scrooge, „ich fühle, dass wir uns bald trennen werden. Sag mir vorher noch, wer der Tote war, von dem die Leute beim alten Joe und in der Börse geredet haben."

Der Geist der zukünftigen Weihnacht gab wieder keine Antwort. Stattdessen führte er Scrooge wie schon einmal dorthin, wo die Geschäftswelt zusammenkam. Scrooge erkannte das Gebäude, in dem sich sein Büro befand. Er schaute zum Fenster hinein. Es war noch ein Büro, aber nicht mehr seines. Die Möbel waren nicht dieselben und der Mann auf dem Stuhl war nicht er.

Der Geist führte Scrooge weiter, bis sie eine eiserne Pforte erreichten. Dahinter lag ein Friedhof. Hier also ruhte der Unglückliche, dessen Namen Scrooge nun erfahren sollte.

Zwischen den Gräbern blieb der Geist stehen und deutete auf einen Grabstein.

„Ehe ich zu diesem Stein trete", sagte Scrooge, „beantworte mir bitte meine Fragen, Geist der Zukunft: Werden die Ereignisse, die du mir gezeigt hast, wirklich geschehen? Oder handelt es sich um Ereignisse, die so geschehen könnten?"

Der Geist schwieg und deutete noch immer auf den Grabstein.

„Können Menschen bestimmte Ereignisse verhindern, wenn sie ihre Lebensweise ändern?", fragte Scrooge weiter.

Der Geist blieb unbeweglich und stumm.

Da näherte sich Scrooge zitternd dem Grabstein, auf den die Hand des Geistes zeigte. Dort las er seinen eigenen Namen: *EBENEZER SCROOGE*.

„Dann bin ich der Tote, von dem die Leute geredet haben!", rief er und sank auf die Knie. „Nein, oh nein! Hilf mir, Geist! Sag mir, dass es noch nicht zu spät ist." Scrooge klammerte sich verzweifelt an das Gewand des Geistes. „Ich bin nicht mehr der Mensch, der ich bisher war. Ich will ein anderer Mensch werden. Warum zeigst du mir das alles, wenn es keine Hoffnung für mich gibt?"

Zum ersten Mal schien die Hand des Geistes zu zittern.

„Guter Geist", redete Scrooge schnell weiter, „sag mir, dass ich mein Schicksal noch ändern kann, wenn ich mein Leben ändere!"

Die Hand zitterte stärker.

„Ich will von nun an Weihnachten so feiern, wie es gefeiert werden soll. Ich will Armen und Bedürftigen helfen – und das nicht nur an Weihnachten, sondern das ganze Jahr", versprach Scrooge. „Was die Geister der Vergangenheit, der Gegenwart und der Zukunft mich gelehrt haben, werde ich nie mehr vergessen. Oh, sage mir, dass ich die Schrift auf diesem Stein auslöschen kann!"

Scrooge griff nach der Hand des Geistes, doch der wich zurück. Und nicht nur das: Er veränderte sich in Größe und Gestalt. Aus dem Gewand und der Kapuze wurde ein Bettpfosten, den Scrooges Hände umklammerten.

6. Das Ende vom Lied

Leicht benommen und ziemlich durcheinander schaute Scrooge sich um. Und langsam begriff er: Der Bettpfosten war sein eigener! Er kniete in *seinem* Bett, das in *seinem* Zimmer stand. Und das größte Glück war, dass die Zukunft noch vor ihm lag. Er konnte die Zeit nutzen, um sich zu bessern und Gutes zu tun.

„Ich weiß gar nicht, welches Datum wir heute haben!", rief er. „Ich weiß nicht, wie lange ich unter den Geistern gewesen bin. Gar nichts weiß ich. Ich bin wie ein neugeborenes Kind. Aber das ist mir egal. Ich will gern noch einmal ein Kind sein. Hallo! Hussa! Hallo!"

Seine Begeisterung wurde vom Geläut der Kirchenglocken unterbrochen. Für ihn klangen sie so fröhlich wie nie zuvor: bim-bam, ding-dong, bim-bam, ding-dong. Herrlich, es war herrlich!

Er lief zum Fenster, öffnete es und steckte den Kopf hinaus. Kein Nebel, ein klarer, heller, goldener Morgen. „Was ist denn heute für ein Tag?", rief Scrooge einem Jungen zu, der unten über den Hof ging.

„Natürlich Weihnachten!"

„Weihnachten", sagte Scrooge zu sich selbst.
„Ich habe es also nicht versäumt. Die Geister
haben alles in einer Nacht vollbracht. – Hallo,
mein guter Junge!"

„Was gibt's?"

„Kennst du den Laden des Geflügelhändlers in
der übernächsten Straße?"

„Das will ich wohl meinen!", antwortete der
Junge.

„Kluger Bursche", sagte Scrooge. „Weißt du auch, ob der extragroße Truthahn noch im Schaufenster hängt?"

„Ja, der hängt noch dort."

„Dann lauf schnell hin und kaufe ihn für mich!", rief Scrooge. „Sag dem Händler, er soll ihn hierherbringen. Wenn du mit dem Mann wiederkommst, gebe ich dir einen Schilling. Schaffst du es in fünf Minuten, kriegst du eine halbe Krone."

Der Junge schoss davon wie der Blitz.

„Ich werde ihn Bob Cratchit schicken", sagte Scrooge zu sich selbst. Schon der Gedanke bereitete ihm Freude. „Aber er soll nicht wissen, von wem der große Truthahn kommt."

Während er die Adresse auf einen Zettel schrieb, zitterte seine Hand. Scrooge warf sich seinen Mantel über und ging hinunter, um vor der Haustür auf den Jungen und den Händler mit dem Truthahn zu warten. Als sie um die Ecke kamen, freute er sich sehr. War das ein Truthahn! Einen größeren hatte Scrooge noch nie gesehen. „Es ist ja kaum möglich, den bis nach Camden Town zu tragen, wo die Cratchits wohnen", sagte er. „Sie müssen eine Kutsche nehmen."

Das war dem Mann natürlich recht. Scrooge
bezahlte den Truthahn, den Kutscher und gab
auch dem Jungen das versprochene Geld. All
das tat er mit einem Lächeln im Gesicht. Dann
kehrte er in die Wohnung zurück. Dort rasierte er
sich, was gar nicht so einfach war, weil seine Hand
noch immer vor Freude zitterte. Danach zog er
seine besten Kleider an, um spazieren zu gehen.

Auf der Straße begegnete er vielen Leuten und grüßte alle freundlich. Scrooge war nicht weit gekommen, da sah er einen der Herren, die ihn am Tag zuvor in seinem Büro um eine Spende für Not leidende Menschen gebeten hatten. Es gab ihm einen Stich, als er daran dachte, wie grob er die beiden abgewiesen hatte. Er lief schneller und sprach den Mann an: „Lieber Herr, wie geht es Ihnen? Ich hoffe, Sie hatten gestern noch Erfolg. Ich wünsche Ihnen fröhliche Weihnachten."

„Mr Scrooge?"

„Ja", sagte Scrooge, „so ist mein Name und ich fürchte, er klingt für Sie nicht sehr angenehm. Ich möchte Sie um Verzeihung bitten. Und wollen Sie die Güte haben ..." Hierauf flüsterte er dem Herrn etwas ins Ohr.

„Ist das Ihr Ernst?", rief der Mann.

„Mein voller Ernst", bestätigte Scrooge. „Keinen Penny weniger."

„Sir, ich weiß nicht, was ich zu einer so großzügigen Spende sagen soll."

„Sagen Sie bitte gar nichts dazu", antwortete Scrooge. „Es ist mir eine Freude."

Sie verabschiedeten sich und Scrooge machte sich auf den Weg zur Wohnung seines Neffen.

Vor der Haustür lief er mehrmals hin und her. Schließlich gab er sich einen Ruck und klopfte an. Das Hausmädchen öffnete.

„Ist dein Herr zu Hause?", fragte Scrooge.

„Ja, Sir. Er ist mit seiner Frau im Speisezimmer. Wen darf ich melden?"

„Er kennt mich", sagte Scrooge und ging an dem Hausmädchen vorbei in die Wohnung. „Fred!", rief er, bevor er das Speisezimmer betrat. „Dein Onkel ist da! Darf ich reinkommen? Ich würde gern mit euch zu Abend essen."

Fred konnte es kaum glauben und freute sich riesig. Er und seine Frau hießen Scrooge herzlich willkommen. Dieser fühlte sich augenblicklich wie zu Hause. Bald trafen weitere Gäste ein. Und alle zusammen verbrachten einen wunderschönen

Weihnachtsabend. Sie unterhielten sich, aßen
und tranken, spielten und lachten. Scrooge war
glücklich wie ein Kind.

Am nächsten Morgen ging Scrooge besonders
früh ins Büro, denn er wollte Bob Cratchit unbe-
dingt beim Zuspätkommen erwischen. Und es
gelang ihm tatsächlich! Die Uhr schlug neun.
Kein Bob. Viertel nach neun. Kein Bob. Er kam
volle achtzehn und eine halbe Minute zu spät.

„Heda!", knurrte Scrooge und bemühte sich, mit seiner unfreundlichen Stimme zu sprechen. „Was fällt Ihnen ein, erst jetzt zu kommen?"

„Es tut mir sehr leid, Sir", entschuldigte sich Bob. „Es wird nicht wieder vorkommen, Sir."

„Nun, ich will Ihnen etwas sagen, Freundchen", begann Scrooge mit immer noch strenger Miene. „So kann es nicht weitergehen. Und deshalb", er sprang auf und gab Bob einen Stoß vor die Brust, „und deshalb werde ich Ihr Gehalt erhöhen!"

Bob glaubte, sein Chef sei verrückt geworden. Er wollte schon Leute von der Straße zu Hilfe rufen.

Da änderte Scrooge seinen Gesichtsausdruck und seine Stimme. „Fröhliche Weihnachten, Bob! Ich erhöhe Ihr Gehalt und ich werde auch Ihre Familie unterstützen. Wir wollen heute Nach- mittag bei einem Weihnachtspunsch über alles reden. Und jetzt schüren Sie das Feuer, damit es hier ordentlich warm wird, ehe Sie nur einen Punkt auf ein i setzen, Bob Cratchit!"

Scrooge hielt nicht bloß sein Wort – er tat weit mehr, als er versprochen hatte. Und für den kleinen Tim, der nicht starb, wurde er wie ein zweiter Vater. Er wurde ein so guter Freund, ein so guter Chef und ein so guter Mensch, wie die Stadt London, ja die ganze Welt noch keinen gesehen hatte. Manche Leute lachten über den veränderten Alten. Aber er ließ sie lachen und kümmerte sich nicht darum. Sein Herz lachte, das war viel wichtiger für ihn.

Die Geister ließen Scrooge fortan in Ruhe leben. Und man sagte über ihn: Er versteht Weihnachten besser zu feiern als jeder andere Mensch.